URANO

Frío y azul

por Chaya Glaser

Consultora: Dra. Karly M. Pitman
Instituto de Ciencia Planetaria
Tucson, Arizona

BEARPORT PUBLISHING

New York, New York

Créditos
Cubierta, © NASA; TOC, © NASA; 4–5, © NASA; 6–7, © Wikipedia & NASA; 8, © NASA/JPL;
9, © Andrzej WojcickI/Science Photo Library; 10, © NASA/SDO (AIA); 11, © NASA;
12–13, © Andrzej Wojcicki/Science Photo Library; 14, © NASA; 15, © NASA/JPL;
16, © NASA; 17, © NASA/JPL; 18, © NASA/JPL; 20–21, © NASA & Wikipedia;
23TL, © Kritchanut/Shutterstock; 23TR, © NASA & Wikipedia; 23BL, © NASA/JPL;
23BR, © Gary Whitton/Shutterstock.

Editor: Kenn Goin
Editora principal: Joyce Tavolacci
Director creativo: Spencer Brinker
Diseñadora: Debrah Kaiser
Editora de fotografía: Michael Win
Editora de español: Queta Fernandez

Library of Congress Cataloging-in-Publication Data

Glaser, Chaya, author.
  [Uranus. Spanish]
  Urano : frío y azul / por Chaya Glaser ; consultora: Dra. Karly M. Pitman, Instituto de Ciencia
Planetaria, Tucson, Arizona.
      pages cm. — (Fuera de este mundo)
  Includes bibliographical references and index.
  ISBN 978-1-62724-598-2 (library binding) — ISBN 1-62724-598-7 (library binding)
  1. Uranus (Planet)—Juvenile literature. I. Title.
  QB681.G5318 2015
  523.47—dc23
                                       2014044226

Para más información, escriba a Bearport Publishing Company, Inc., 45 West 21st Street, Suite 3B,
New York, New York 10010. Impreso en los Estados Unidos de América.

10 9 8 7 6 5 4 3 2 1

CONTENIDO

¿Qué planeta es una bola azul de gases y líquidos?

5

Urano es parte del sistema
solar de la Tierra.

JÚPITER

MARTE

VENUS

TIERRA

MERCURIO

SOL

SATURNO

NEPTUNO

URANO

Es el séptimo planeta
a partir del Sol.

Urano es mucho más grande que la Tierra.

Dentro de Urano cabrían 63 Tierras.

TIERRA

URANO

El planeta es muy frío
y helado.

SOL

URANO

¡La temperatura de Urano puede bajar hasta cerca de –366°F (–221°C)!

Urano está formado casi totalmente por gases y líquidos.

Los gases ayudan a darle
al planeta su color azul.

Urano está rodeado
de muchos anillos.

Anillos →

Imagen cercana de
los anillos de Urano

Los anillos están formados
por pedazos oscuros de
roca y hielo.

Muchos planetas, como la Tierra, giran como un trompo.

Urano, sin embargo, gira de lado.

TiERRA

URANO

Solamente una nave espacial ha volado más allá de Urano.

Se llama el *Voyager 2*.

Voyager 2

19

El *Voyager 2* tomó fotos de las cinco lunas más grandes de Urano.

URANO

¡Además descubrió muchas lunas nuevas!

URANO VERSUS LA TiERRA

URANO	VERSUS	LA TiERRA
Séptimo planeta a partir del Sol	POSICIÓN	Tercer planeta a partir del Sol
31,518 millas (50,723 km) de ancho	TAMAÑO	7,918 millas (12,743 km) de ancho
Cerca de –357°F (–216°C)	TEMPERATURA PROMEDIO	59°F (15°C)
27	NÚMERO DE LUNAS	Una
13	NÚMERO DE ANILLOS	Cero

GLOSARIO

gases sustancias que flotan en el aire y que no son ni líquidos ni sólidos; muchos gases son invisibles

nave espacial un vehículo que puede viajar en el espacio

sistema solar el Sol y todo lo que da vueltas alrededor de él, incluyendo los ocho planetas

temperatura la medida que expresa lo caliente o frío que está algo

23

ÍNDICE

LEE MÁS

Landau, Elaine. *Uranus (True Books: Space).* New York: Children's Press (2008).

Lawrence, Ellen. *Uranus: The Sideways-Spinning Planet (Zoom Into Space).* New York: Ruby Tuesday Books (2014).

APRENDE MÁS EN LÍNEA

Para aprender más sobre Urano, visita

www.bearportpublishing.com/OutOfThisWorld

ACERCA DE LA AUTORA

A Chaya Glaser le encanta mirar las estrellas y leer historias sobre las constelaciones. Cuando no está admirando el cielo nocturno, la podemos encontrar tocando instrumentos musicales.